DE LA

PROPRIÉTÉ LITTÉRAIRE

PAR

UN ILLETTRÉ

« Pour vivre, il faut que je gagne
« quarante sous par jour. »
(J.-J. ROUSSEAU).

PARIS

ADOLPHE RENÉ, ÉDITEUR
RUE MADAME, 30
—
1864

PROPRIÉTÉ LITTÉRAIRE

Je me propose, dans ce petit nombre de pages, d'exposer le plus succinctement possible mes idées sur ce qu'on est convenu d'appeler la *Question de la propriété littéraire*.

Dans l'examen de cette question principale, il s'en présente d'abord une accessoire qu'il importe de traiter, à savoir : *si le sort de l'homme de lettres, dans ce siècle, est réellement digne d'exciter la commisération publique !* Ce ne sera pas moi qui me chargerai de la résoudre : je laisse ce soin à une plume plus exercée et plus compétente que la mienne, qui l'a fait avec autorité et bon sens, et dont je me bornerai à citer les paroles.

« Il semble que les écrivains aient du plaisir à se
» faire passer pour les parias de la société et les mar-
» tyrs du temps. Si cela fut vrai à une autre époque,
» aujourd'hui cela est faux. Qu'ont-ils à envier à l'offi-
» cier qui arrive péniblement, à quarante ans, au
» grade de chef de bataillon ; au magistrat qui parvient,
» lentement, après vingt ans de service, au rang de

» président d'un tribunal de première instance, de
» procureur du roi ou d'avocat général ; à l'ecclésias-
» tique sexagénaire assez heureux pour être devenu
» curé de canton ; au professeur de collége qui, d'une
» classe de sixième, s'est élevé laborieusement à une
» classe de seconde? etc., etc. De deux choses l'une,
» ou un écrivain a du talent, ou il n'en a pas ; s'il n'a
» pas de talent, il n'a pas le droit de se plaindre, il n'a
» que le droit de changer de carrière ou de souffrir
» en silence. S'il a du talent, en quoi donc son sort
» appelle-t-il la pitié?... Est-ce que chaque volume
» de l'*Histoire des Girondins* n'est pas payé cinquante
» mille francs à M. de Lamartine? Est-ce que *la
» Presse* n'a pas acheté et payé quarante mille francs un
» seul volume, *les Confidences?* En deux ans, la plume
» immortelle du député de Mâcon lui aura rapporté
» la somme ronde de 350 mille francs [1]... M. Louis
» Blanc qui, avant l'*Histoire de dix ans*, n'était pas
» électeur, après l'*Histoire de la Révolutino française*,
» ne sera pas seulement éligible, ce sera un capita-
» liste ; ce sera, le Radical me le pardonne, ce sera un
» bourgeois !... Combien d'exemples pareils ne pour-
» rais-je pas entasser et citer ici, sans parler des 63
» mille francs de rente que *le Constitutionnel* et *la
» Presse* servent à M. Alexandre Dumas, sans préju-

[1] On lit, dans un *Essai sur lord Byron*, que ses vers étaient payés jusqu'à une guinée la pièce, et qu'il a reçu, pour une partie de ses œuvres, de M. Murray, 15,455 livres sterling, ou environ 386 mille francs. Cependant, ce poëte grand seigneur nous dit : « Les grands hommes ont toujours dédaigné de grandes récompenses. » Et ailleurs : « Je suis de ceux qu'on ne séduit pas avec de l'or. » — Mais vous l'acceptiez très-bien, fier lord, et vous ne faisiez en cela que suivre l'exemple de vos confrères de France !

» dice des sommes au moins égales qu'il aura à rece-
» voir de ses éditeurs après la publication de ses
» romans en feuilletons. Quatre volumes par an de
» M. Eugène Sue lui assurent 60 mille francs de re-
» venu. Il y a quelques jours, George Sand recevait à
» son château de Nohant, 22 mille francs pour les
» trois volumes du *Piccinino* que *la Presse* doit faire
» paraître. Est-ce que l'auteur du *Conseiller d'État*,
» M. Frédéric Soulié, au bout de l'année, n'a pas gagné
» quatre ou cinq fois le traitement d'un conseiller
» d'État? Est-ce que M. Théophile Gauthier ne reçoit
» pas annuellement de *la Presse* plus que ne reçoi-
» vent les présidents de Chambre de la première cour
» royale de France? Est-ce que s'il n'était pas écrivain,
» poëte même, il occuperait dans ce vaste amphithéâ-
» tre qu'on appelle la société, une place meilleure?
» Est-ce que toute autre fonction lui serait plus lucra-
» tive? Une fois pour toutes, laissons donc à l'écart
» tous les lieux-communs sur les grands esprits qui
» meurent méconnus, et sur les poëtes devenus criti-
» ques faute de pain [1]. » (Ém. de Girardin).

[1] A ces exemples, opposons-en quelques autres plus satisfaisants pour l'honneur et la dignité des lettres.

On lit dans les *Mémoires sur la vie de Racine*, par son fils : « Jamais
» poëte (il s'agit de Boileau) n'eut tant de répugnance à donner ses ouvrages
» au public. Il s'y vit forcé, lorsqu'on lui en montra une édition faite furti-
» vement et remplie de fautes. A cette vue, il consentit à remettre son manus-
» crit, et ne voulut recevoir aucun profit du libraire. Il donna en 1674, avec
» la même générosité, ses Épitres, son Art Poétique, le Lutrin, et le Traité du
» Sublime... Il m'a assuré que jamais libraire ne lui avait payé un seul de ses
» ouvrages; ce qui l'avait rendu hardi à railler, dans son Art Poétique, les au-
» teurs qui *mettent leur Apollon aux gages d'un libraire*, et qu'il n'avait fait
» les deux vers qui précèdent : *Je sais qu'un noble esprit*, etc., que pour con-
» soler mon père qui avait tiré quelque profit de l'impression de ses tragé-

Jamais, on en conviendra, on n'a payé l'esprit aussi cher. Mais ce n'est pas tout, et MM. les écrivains du XIX° siècle ne se contentent pas de l'or acquis par la vente de leurs œuvres ; ils exigent encore, en vertu d'un prétendu *droit de propriété littéraire*, que leurs héritiers jouissent à perpétuité du même bénéfice.

Quand on veut se défaire d'une chose qu'on possède, un champ, un bois, une maison, on la vend, et quand on l'a vendue, qu'on en a touché le prix, on ne la possède plus et on ne peut plus la revendre. Il y a donc, suivant les idées des gens de lettres, deux sortes de propriétés : celle dont je parle, qui ne peut profiter qu'une fois à celui qui la possède, et une autre qui serait douée d'une merveilleuse puissance, celle de se reproduire sans fin et de ne jamais cesser d'exister.

» dies. Le profit qu'il en retira fut très-modique, et il donna dans la suite » Esther et Athalie au libraire, de la manière dont Boileau avait donné tous » ses ouvrages. »

« Duchesne me donna du manuscrit de l'*Émile* six mille francs, et je crois » cent ou deux cents exemplaires... J'envoyai à Rey le *Contrat Social*, fixant » le prix de ce manuscrit à mille francs qu'il me donna... Outre ces deux » livres, et mon *Dictionnaire de Musique*, j'avais quelques autres écrits de » moindre importance... Je comptais que toutes ces productions rassemblées » me vaudraient au moins, outre ma dépense ordinaire, un capital de 8 à 10 » mille francs, que je voulais placer en rente viagère, sur ma tête et sur celle » de Thérèse. » (J.-J. ROUSSEAU, *Confessions.*)

« J'ai travaillé huit jours, Madame, c'est-à-dire huit matinées. Pour vivre, » il faut que je gagne *quarante sous* par jour : ce sont donc seize francs qui » me sont dus, et dont je prie votre exactitude de différer le paiement jus- » qu'à mon retour de la campagne. » (J.-J. ROUSSEAU, *Correspondance.*)

« Vous vous moquez de moi, et vous m'offensez en me proposant dix-huit » mille francs pour barbouiller des idées que vous pourrez insérer dans vos in- » folio. C'est se moquer d'imaginer qu'à soixante-seize ans je puisse être utile » à la littérature ; et c'est un peu m'insulter que de me proposer dix-huit mille » francs pour six cents pages. Vous savez que j'ai donné toutes mes sottises » gratis à des Génevois, je ne les vendrai pas à des Parisiens. » (*Lettre de Voltaire à un libraire de Paris.*)

Examinons un peu cette nouvelle question.

Distinguons tout d'abord deux classes d'ouvrages, les œuvres morales et les œuvres immorales; et écartons immédiatement les dernières. Leur accorder une protection qu'elles ne méritent à aucun titre, serait absurde, scandaleux, inique. On interdit avec raison aux pharmaciens la vente publique des poisons minéraux et végétaux qui ne tuent que le corps, et l'on autoriserait à perpétuité le débit des poisons littéraires infiniment plus dangereux, car ils tuent l'âme! Aux ouvrages immoraux, le gouvernement ne doit que répression et punition, s'ils paraissent en dépit de sa volonté qui ne devrait jamais le permettre. Eh quoi! tant d'écrivains mâles et femelles, que je pourrais citer, seraient les privilégiés de la société, pour l'avoir corrompue, trompée, déshonorée, et pour lui avoir vendu de la mauvaise foi, de la corruption, du déshonneur!... En vérité, cette idée fait bouillonner le sang, et je me demande à quoi nous songions de déclamer contre les abus de l'ancien régime, s'il faut en établir un mille fois plus révoltant : la protection à l'immoralité et à l'impiété!

Ne nous occupons donc que de la protection à accorder aux œuvres morales.

Quel est le principal but que doit se proposer un écrivain digne de ce nom, sinon d'acquérir un droit incontestable à l'estime de ses concitoyens vivants et à naître; la gloire de les avoir éclairés, corrigés, moralisés ; la conscience de l'utilité de son œuvre? Ce droit, cet honneur, cette satisfaction intérieure, tel est *le ca-*

pital, tel est *le revenu* qu'il doit chercher à obtenir, et le principal élément de son droit de propriété. Je sais cependant, comme l'a dit Boileau,

« ..... Qu'un noble esprit peut, sans honte et sans crime,
» Tirer de son travail un tribut légitime. »

Mais nous avons vu que les *nobles esprits* de notre siècle n'avaient pas trop lieu de se plaindre de celui qu'ils tiraient de leurs productions. Si l'on voulait toutefois récompenser plus généreusement encore quelques auteurs éminents, recommandables surtout par la noblesse de leurs sentiments, la pureté de leurs doctrines, de leur morale, par l'intérêt de leurs écrits, je n'y verrais aucun inconvénient. A cet effet ne pourrait-on pas nommer une commission composée d'hommes de bien éclairés, choisis dans la haute Magistrature, l'Institut, et parmi les grands dignitaires de l'Église; qui serait chargée de l'examen des questions relatives à la jouissance d'une *protection raisonnable* en faveur de la propriété littéraire et scientifique; qui en fixerait la nature, l'étendue, les conditions; et qui déterminerait en outre à quels auteurs et à quels ouvrages cette protection serait applicable?

Je me souviens d'avoir lu, dans un rapport présenté, au mois de mars 1841, à la Chambre des députés, les paroles suivantes :

« Un homme dépense quelques portions de ses for-
» ces, quelques heures faciles de sa vie, à l'aide d'un
» capital transmis par ses pères, à féconder un champ

» ou à exercer une industrie lucrative ; il entasse pro-
» duits sur produits, richesses sur richesses ; il en
» jouit lui-même dans l'aisance ou dans les délices de
» sa vie ; vous lui en assurez la possession à tout ja-
» mais, et après lui à ceux que le sang désigne ou que
» le testament écrit. Un autre homme dépense sa vie
» entière, consume ses forces morales, énerve ses for-
» ces physiques dans l'oubli de soi-même et de sa fa-
» mille, pour enrichir après lui l'humanité ou d'un
» chef-d'œuvre de l'esprit humain, ou d'une de ces
» idées qui transforment le monde : il meurt à la
» peine, mais il réussit. Son chef-d'œuvre est né, son
» idée est éclose. Cela devient une richesse tardive,
» posthume souvent ; cela jette des millions dans le
» travail et dans la circulation ; cela s'expose comme
» un produit naturel du sol. Tout le monde y aurait
» droit, excepté celui qui l'a créé, et la veuve et les
» enfants de cet homme, qui mendieraient dans l'in-
» digence à côté de la richesse publique et des fortu-
» nes privées enfantées par le travail ingrat de leur
» père ! Cela ne peut se soutenir devant la conscience,
» où Dieu a écrit lui-même le code ineffaçable de
» l'équité. »

Je ne posséde pas « la plume immortelle » du célè-
bre rapporteur, mais en empruntant ses propres ex-
pressions et son mode de raisonnement, ne pourrais-
je pas dire à mon tour :

« Un homme dépense tout ce qu'il a de vigueur et
de santé, toutes les heures du jour et souvent une partie de la nuit, exposé aux intempéries des saisons, et aux

accidents dont une précoce vieillesse est la conséquence inévitable, à arroser de ses sueurs le champ que lui ont transmis ses pères ; il y consacre non-seulement sa vie, mais celle de sa femme et de ses enfants, pour en retirer le grain qui suffit à peine à les nourrir dans les années favorables, et à les empêcher de mourir de faim dans celles où la gelée, les orages, la grêle, viennent anéantir leurs récoltes et leurs espérances. Il est plus malheureux encore si le champ qu'il cultive ne lui appartient pas, et qu'il soit forcé d'en partager le chétif produit avec le propriétaire, qui lui-même ne retire qu'un chétif revenu de son bien. Ce bien, dit-on, vous lui en assurez la possession à tout jamais, et après lui à ceux que le sang désigne ou que le testament écrit. Oui, mais d'abord, le descendant ne profite de cette possession et des revenus du champ, qu'à la condition de le cultiver à son tour en l'arrosant *à perpétuité* de ses sueurs, comme l'ont fait tous ses ascendants. En second lieu, ce droit sacré de propriété inscrit dans nos lois, et qui n'est le plus souvent que le droit de transmettre la misère du père au fils et du fils au petit-fils, on le lui fait payer si cher, qu'au bout de quelques années la valeur du champ a passé, par les impôts, entre les mains de l'État, qui devient ainsi le véritable héritier du propriétaire primitif.

» Un autre homme bien logé, bien meublé, bien nourri, environné et rassasié de toutes les jouissances du luxe, consacre quelques heures de loisir à mettre sur le papier, agréablement, paisiblement, à l'abri des intempéries, des inquiétudes et des chagrins, les idées bonnes ou mauvaises, morales ou immorales, qui lui passent par la tête. Lorsqu'il a écrit quelques pages et qu'il sent le besoin de se reposer, il vient chercher des inspirations près de sa femme et de ses enfants, parfois dans les beaux yeux d'une maîtresse, et se promène ainsi successivement du travail au repos, du repos au travail, sans que sa digestion, sa santé, son sommeil, en soient jamais troublés. Il vend ensuite le fruit de ses méditations à un éditeur, le fait annoncer, recommander, prôner dans les journaux, par de complaisants amis auxquels il rendra plus tard le même service; et il acquiert ainsi gloire, dignités, richesses, avec la faculté, largement exploitée, de satisfaire ses passions, de vivre dans la mollesse et le désordre. Et vous voudriez que son ouvrage, publié en feuilletons dans la gazette, puis en volumes chez le libraire, ensuite sous forme de drame sur le théâtre; qui, après avoir été vendu une fois, deux fois, dix fois, aura enrichi l'auteur pendant sa vie, et lui aura laissé le moyen facile *d'enrichir après lui ceux que le sang désigne ou que le testament écrit*[1], tandis que les héritiers de l'estimable cultivateur resteront dans la misère; vous voudriez que cet ouvrage, si souvent et si chèrement vendu, on pût le revendre à perpétuité ! Non, *cela ne*

---

[1] Qu'est-ce qui empêche, par exemple, Messieurs les écrivains, qui gagnent de si beaux capitaux, de les employer à l'acquisition de domaines qu'ils pourraient appeler *le parc des Girondins, le petit bois des Confidences, la métairie du Conseiller d'État, la forêt des Mystères de Paris* ?.... Ne serait-ce pas le meilleur moyen de perpétuer la mémoire de leur nom et de leurs œuvres, *d'entasser* pour eux et leurs descendants, *produits sur produits, richesses sur richesses*, et de fonder enfin la propriété littéraire sur la seule base légitime et solide qu'elle puisse réclamer et que personne ne lui conteste !

peut se soutenir devant la conscience, où Dieu a écrit lui-même le code ineffaçable de l'équité. »

J'en appelle à tout lecteur impartial et désintéressé, qui n'est, comme moi, ni homme de lettres ni cultivateur, de quel côté se trouve la vérité, la raison, la justice? l'agriculteur de nos jours *entassant,* sans efforts, *richesses sur richesses;* et l'auteur du rapport, le député de Mâcon, ne parvenant qu'à grand'peine à gagner, *en deux ans,* la misérable somme de *trois cent cinquante mille francs!* N'est-ce pas le cas de s'écrier : « **O fortunatos nimiùm agricolas!** ô poëtas infelices!! » alii bona, alii mala, si sua nôrint. »

Et remarquons-le encore, si l'on accorde aux littérateurs *omnius generis,* le privilége qu'ils réclament, ne créera-t-on pas en outre, en leur faveur, une inégalité choquante avec une autre classe d'hommes non moins recommandables, peintres, sculpteurs, architectes, etc., aux héritiers desquels il sera impossible d'assurer la propriété des œuvres qui auront rendu leur ancêtre immortel ?

Quant à l'argument tiré de l'état de misère dans lequel peuvent tomber l'écrivain, ou sa veuve et ses enfants, comparé à la fortune que procure à l'éditeur, aux libraires, l'exploitation de ses ouvrages, je répondrai d'abord que toutes les misères sont fâcheuses, lors même qu'elles sont méritées, et qu'elles doivent être surtout secourues quand elles ne le sont pas. Mais à l'égard de celle des *auteurs,* M. de Girardin nous a appris ce qu'il en fallait penser ; et s'ils sont réduits dans leur vieillesse, à solliciter ou à accepter l'aumône de leurs concitoyens, après avoir joui de superbes capitaux rémunérateurs de leur mérite, *qui pouvaient produire à perpétuité de beaux revenus, et s'ils laissent leur veuve et leurs descendants dans la misère,* c'est qu'ils ont imité les propriétaires prodigues qui, avec un revenu de trente mille francs, en dépensent cinquante ou soixante. Enfin, cette assimilation de l'auteur à l'éditeur pèche complètement contre la logique. L'éditeur, le libraire, sont des industriels, des commerçants, auxquels il faut un local spacieux, un matériel et des avances de fonds, pour exercer leur profession ; celle-ci offre des risques à courir, et ils doivent en être dédommagés par les profits qu'elle leur procure. Quel risque court l'homme de lettres ? aucun. Quel matériel doit-il avoir, quelles avances doit-il faire ? une bouteille d'encre, un paquet de plumes, une rame de papier. Quel local ? un cabinet garni d'un lit, d'une table et d'une chaise ; ou, mieux encore, une pierre couverte de mousse à l'ombre des bois, sous la voûte des cieux, avec son âme et la vertu pour inspiration, l'estime des hommes et, plus tard, le ciel pour récompense.

N'oublions pas non plus que les écrivains jouissent d'un privilége exorbitant, et qui devrait être considéré comme inique, s'il n'était autorisé par un long usage, et si le public qui achète leurs livres n'en était pas averti d'avance. Ce privilége consiste à publier successivement et indéfiniment, des éditions *différentes* du même ouvrage, qui diminuent considérablement, ou même détruisent tout à fait la valeur des précédentes, de sorte que l'acquéreur d'un exemplaire des éditions primitives se trouve tout à coup avoir en sa possession un livre sans valeur, ou qui en a une bien inférieure au prix qu'il lui a coûté.

De même qu'on le fait avec une persévérance infatigable mais illogique pour la *propriété littéraire*, on a également cherché à obtenir l'assimilation de la *propriété industrielle* à la *propriété ordinaire*. Je laisserai parler sur ce sujet deux juges plus compétents que moi, et ils me fourniront de nouveaux arguments en faveur de la thèse spéciale que je soutiens.

« Les partisans de l'assimilation de la propriété in-
» dustrielle à la propriété ordinaire, disent : *La pro-*
» *priété est établie sur deux bases principales; elle est*
» *le fruit du travail, et elle résulte du droit de premier*
» *occupant. Or, aucune propriété ne paraît réunir ces*
» *deux titres aussi complétement que la propriété indus-*
» *trielle. Elle est, bien plus sûrement que toute autre, le*
» *fruit du travail; et le droit de premier occupant ne*
» *peut être contesté à celui qui, le premier, l'a mise au*
» *jour. Pourquoi donc refuserait-on à la découverte*
» *d'une idée les droits qu'on accorde à la possession de*
» *la terre ou de tout autre objet? Est-elle moins digne*
» *d'intérêt?* Assurément non, et nous reconnaissons
» qu'elle possède les deux qualités qui constituent
» ordinairement le droit de propriété. Mais ce qui fait
» la différence, c'est la nature même de la chose. **On**
» comprend l'appropriation exclusive de la terre; elle
» ne peut produire de fruits et profiter à la société

» qu'en étant l'objet d'une appropriation distincte,
» et du moment que cette appropriation doit exister,
» le droit de premier occupant est assurément un mo-
» tif de préférence. En outre, la distinction de la pro-
» priété pour la terre est facile ; elle ne peut être
» possédée à la fois par plusieurs individus ayant éga-
» lement des titres légitimes. En est-il de même d'une
» découverte ? D'abord rien ne se crée spontanément
» dans la société. Quand une découverte a lieu, elle a
» été préparée par un certain état de civilisation, par
» un ensemble de choses qui font partie du domaine
» public, et qui en ont été les éléments indispensables.
» Elle n'est jamais complète, absolue, indépendante,
» comme quelque chose qui viendrait à sortir du
» néant. Elle est bien le fruit du travail, mais d'un
» travail qui a emprunté les secours d'autrui. D'ail-
» leurs, une idée n'est pas susceptible d'une appro-
» priation, comme la terre ou tout autre objet ; elle
» peut éclore dans plusieurs cerveaux à la fois et être
» possédée par plusieurs personnes, sans que la pos-
» session de l'une empêche la possession de l'autre. Ce
» n'est donc pas un genre de propriété qu'on puisse
» assimiler à la propriété ordinaire. » (V. Bonnet.)

L'observation suivante de M. Louis Figuier est dans
le même sens. « Il est impossible d'accorder à un seul
» homme l'honneur d'une grande invention scienti-
» fique, et les découvertes importantes naissent pres-
» que toujours, non des efforts isolés d'un homme de
» génie, mais d'un concours lent et successif de tra-
» vaux dirigés dans un but commun. La science et le

» temps préparent les éléments divers des grandes
» découvertes. Il arrive dès lors un moment où la
» même idée se présente à la fois à un grand nombre
» d'esprits, parce qu'elle est la conséquence d'une
» foule de travaux antérieurement accomplis. »

Ces raisonnements ne s'appliquent-ils pas aussi exactement à la propriété littéraire qu'à la propriété industrielle? Quel est en effet, parmi les plus ardents à réclamer le droit de propriété dans toute son étendue, l'écrivain dont on puisse dire qu'il ne doit qu'à lui seul les pensées qui font sa célébrité, et dont le principal mérite consiste dans autre chose que dans l'arrangement heureux de celles qui lui ont été suggérées par ses professeurs dans sa jeunesse, par ses lectures, et par la fréquentation de ses semblables dans le cours de sa vie? La société même et la conversation des imbéciles, des hommes ridicules et des ignorants, ne peut-elle pas nous donner de l'esprit et nous fournir quelque trait remarquable, quelques bonnes scènes de comédie? Il y a quelquefois plus à profiter avec eux qu'avec les hommes les plus spirituels du monde.

« Tout est collaboration dans la vie. Quel est l'in-
» venteur qui n'a pas eu de prédécesseur? quelle est
» la pensée nouvelle qui ne soit pas fille d'une pensée
» antérieure? Tu te vantes, pauvre artiste, de tes
» romans, de tes comédies; mais ce personnage que tu
» appelles une création, tu l'as emprunté à tes souve-
» nirs d'enfance; ce mot touchant, tu l'as trouvé sur
» les lèvres d'un ami; ce trait, qu'on applaudit comme

» un trait de génie, n'est qu'un trait de dévoue-
» ment, et c'est ta mère qui te l'a fourni!... Laisse
» donc là ton orgueil, ou plutôt transforme-le en
» reconnaissance, et dis-toi avec Marc-Aurèle : Rien
» n'est tout à fait à nous, ni dans nos mérites, ni dans
» nos travaux, et ceux que nous aimons sont pour
» moitié dans tout ce que nous faisons. » (M. Legouvé,
discours de réception à l'Académie française.)

Maintenant, ami lecteur, veux-tu que je te fasse
connaître au juste l'opinion que je me forme d'un
homme de lettres? Écoute cette parabole.

Un homme a, dans sa jeunesse, étudié l'agriculture
à l'école, dans des livres ou autrement... Plus tard, il
veut faire l'application de la science qu'il a, ou qu'il
croit avoir acquise. Malheureusement il ne possède ni
champs, ni instruments de labour, ni argent pour
s'en procurer, rien, sauf sa théorie. Mais il court les
campagnes, examine ce qui s'y fait, le compare à ce
qu'il a appris, blâme ou critique, suivant ses idées,
et disant : « Ceci est bien ; cela est mal, et ce n'est
point ainsi que j'aurais agi moi-même. »

En vaguant, et en discourant de cette manière, il
aperçoit par hasard un champ abandonné ou négligé,
dont le propriétaire est absent, on ne sait où... on ne
pense pas qu'il revienne. Notre homme saisit l'occa-
sion aux cheveux. Il se rend au village le plus proche,
emprunte à l'un de la semence, à un second des ser-

viteurs, à d'autres une charrue, des bêtes de somme, du fumier, en un mot tout ce dont il a besoin. Que ces gens-là y consentent ou non, peu lui importe; il dérobe, s'il le faut, ce qu'on lui refuse... puis il se met à l'œuvre...

L'époque de la moisson arrivée, il a recours aux mêmes manœuvres, renouvelle ses emprunts volontaires ou forcés, et fait si bien qu'après avoir fait charger les gerbes, il ne reste plus qu'à donner le coup de fouet à l'attelage et à transporter la récolte... A cet instant, les serviteurs lui demandent où il faut la conduire : « Eh ! ne voyez-vous donc pas, répond-il indigné de la question, que tout cela m'appartient !... *c'est le fruit de mon travail.* »

Il ne me reste plus, cher lecteur, qu'à te faire remarquer, si tu m'as suivi dans ma narration, que le fumier a pu être répandu à temps ou mal à propos, en trop grande, en suffisante, ou en trop faible quantité; que les soins donnés à la culture ont été plus ou moins intelligents; la semence plus ou moins bonne; et que, suivant les cas, la récolte sera plus ou moins abondante, la farine du blé recueilli fournira un pain excellent, ou médiocre, ou détestable.

Eh bien! ne viens-je pas de donner l'idée la plus exacte possible de l'homme de lettres, de son prétendu droit de propriété, de sa manière de formuler ses pensées, d'en faire sortir le fruit; et de la nature de ce fruit?

Pour moi, si j'osais me mettre en scène, à la fin de

cette note, je l'avouerais franchement et avec vérité :
en supposant que mes réflexions aient quelque valeur,
n'est-il pas de la dernière évidence que je le dois à la
collaboration *forcée* de MM. Legouvé, L. Figuier,
V. Bonnet, Virgile, Alp. de Lamartine, Boileau,
Racine fils, Voltaire, J.-J. Rousseau, le lord Byron,
et surtout à celle de M. Émile de Girardin ? Loin d'en
revendiquer la propriété, je leur en fais donc bien
volontiers l'hommage, et je les prie d'en recevoir mes
très-sincères remercîments. Tout ce que je réclame-
rai pour ma part, ce sera la conclusion que je prétends
en tirer, à savoir que :

L'AGRICULTURE

a infiniment plus besoin

d'encouragemement et de protection que

la LITTÉRATURE.

M. B.

L***, le 25 février 1864

Saint Denis. — Typographie de A. Moulin

www.ingramcontent.com/pod-product-compliance
Lightning Source LLC
LaVergne TN
LVHW011052050726
842519LV00004B/1589